Gertrud Pauly · Verdrehte Welt

Gertrud Pauly

Verdrehte Welt

Verse und Schüttelreime

FOUQUÉ PUBLISHERS NEW YORK

Library of Congress Cataloging-in-Publication Data
Pauly, Gertrud
[Verdrehte Welt / Gertrud Pauly]
1st American ed.

ISBN 978-0-578-09038-2

für Christine

Ein Zahnarzt bohrt im Backenzahn
Eine lange Zackenbahn
Der Zahn, der ist marode
Er muß ihn ziehn, wie schode!

Die Rechnungen sind angemahnt
Sie können nichts mehr kaufen
Sie sagt: „Das hat mein Mann geahnt
Und ist davongelaufen"

Seht nur hin, den zarten Gaun
Verliebt bis über beide Ohrenen
Jetzt springt er übern Gartenzaun
Zu seiner Auserkorenen

Wer jazzt da in der Jatzenkammer?
Es sind fünf junge Kater
Sie haben alle Katzenjammer
Drum machen sie Theater

Meine Kinder spielen am Sandstrand
Mit Strandsand

Ein Franke steht vor einer großen Leinwand
Er zeigt sein wunderschönes Weinland
Er hat ein kleines Weinfaß
Daraus trinkt er öfters – fein, was?

Eine kleine Fleeschnocke
Kam langsam vom Himmel
Sie ritt auf einer Schneeflocke
Und rief: „Das ist mein Schimmel"

Spät in der Nacht – sie lasen noch
Spannende Geschichten.
Sie popelten im Nasenloch
Beim Träumen und beim Dichten.

Ein Knustermabe schleicht durchs Haus
Schaut hier, mal da zum Fenster raus.
Schwitzt über seiner Hausaufgabe,
Sonst tut er nichts – der Musterknabe!

Ein Bauer braucht für seine Schweine
Eine feste Rüsselschlinge.
Er nimmt dafür nicht Band und Leine
Er nimmt ganz einfach Schlüsselringe.

Als er von seinen Gäulen sang,
Von Minne und von Drachen,
Da fing im alten Säulengang
Der König an zu lachen.

Ein Kotrappe
trabte durch den Wald
Und fraß dort eine Rotkappe
Draufhin verstarb er bald.

Der Stirbelwurm
Gehört zur Zunft der Drachen.
Sein Atem ist ein Wirbelsturm,
Und wenn er zornig ist, dann schreit
Und heult er laut und speit
Feuer aus dem Rachen.

Dort im Garten die Frau saß
Auf der grünen Wiese im Walde
Und unreife Äpfel aß,
Die gerne auch die Sau fraß
Dort im Garten auf der grünen Wiese
Im Walde im Walde.

Ich habe ein Gerät
Es heißt: das Tistelfon.
Ich zeige, wie es geht
Und führe es auch vor:
Man hält es fest ans Ohr
Da hört man, wie es klingt
Wenn jemand leise singt
Im höchsten Fistelton.

Damals war alles anders:
Für Orte, die da weiter lagen,
Zu Fuß nicht mehr erreichbar,
Benutzte man den Leiterwagen.
(Mit heute nicht vergleichbar.)

Ach wie war das wunderbar,
Als alles hier noch bunter war!

Was reimt sich gut auf Heidekraut?
Ein Lehrer, der mit Kreide haut.
(Ein Lehrer, der die Kreide klaut,
Das reimt sich auch auf Heidekraut.)

Zeit ist's, daß ich wagen sollte,
Zu sagen, was ich sagen wollte.

Ein klitzekleiner Maskenbütze
Hüpft tänzelnd über jede Pfütze
Trägt, daß sie ihn vor Regen schütze
Schräg auf dem Kopf die Baskenmütze

Schaus-hu-hu
Die Eule schreit?
Schaus-hu-hu
Vermaledeit
Was suchst denn du?
Schaus-hu-hu
Den Haus-schuh-hu!

Rauf und runter, kreuz und quer
Auf der schmalen Kellertreppe
Hüpft die kleine Trellerkeppe
Trällernd hin und her

Ein Fuchs, der schon die Lunte roch
Verkroch sich in das runde Loch
Seiner Burg, da sitzt er noch

O schont mein
Es ist Mondschein
Jammert das Gespensterlein
(Es wollte gern im Dunklen sein)

Er trat den Ball mit Füßen
Verletzt muß er nun büßen
So wird sein lieber Fußball
Zu einem langen Bußfall

Dieses kleine Wüstenkind
Mag manchmal kalten Küstenwind

Es war nicht der Herzbube
Es war nicht der Kreuzbube
Auch nicht der Blaubube
Es war der Graubube
Ihn hat es getroffen.
Er fiel besoffen
In eine Baugrube.

Ein Mottenschütze
Kam von Schottland her.
Er wollte Motten töten.
Was war dafür vonnöten?
Eine Schottenmütze
Mottenkugeln
Und ein Gewehr.

Pubertät

Mein Ännchen
Macht Faxen
Sie fühlt sich erwachsen
Und sucht sich ein Männchen

Zu einem bösen Bösewicht
Ein zorniger Chinese spricht:
„Es wild wohl bessel sein
Ich hau dir mit dem Sesselbein
Ins Gesicht!"

Du sitzt vorm vollen Weinglas
Nu gib doch och dem Glein' was!

Vettern ja und Basen nein
Mir fällt nichts ein zu „Nasenbein".

Zungenbrecher

Stopf kein
Kopfstein-Pflaster
In die Straßen!
Wenn auf Kopfsteinpflasterstraßen
– schwer beladen –
Große Laster rasen,
Dann nehmen Kopfsteinpflasterstraßen
Schaden!

Was ist denn eine Krabenrähe?
Falsch geschriebene Grabenrehe?
Ach nein, es ist die Rabenkrähe!

Ein Recke liebte seine Hose
Die rosarote Reckenhose.
Pardon, ich mein' die Heckenrose!

Ein Stein fiel beim großen Umbau
Auf seinen Rücken – bum! – „au"!

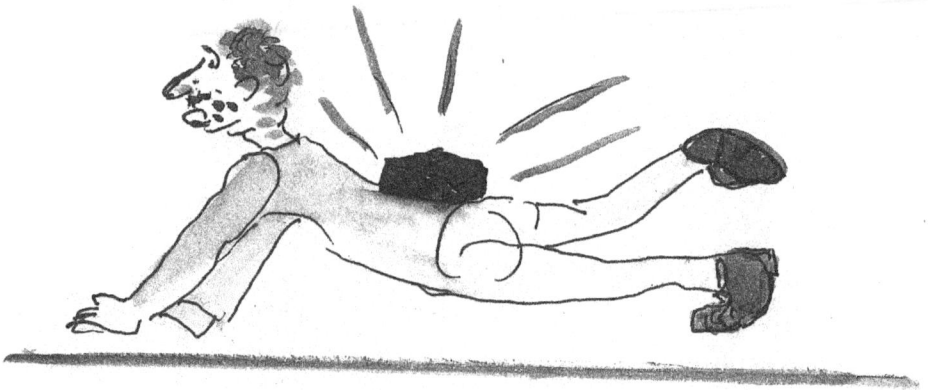

Irgendwo liegen latente
Meine Talente.
(Vielleicht in Malente?)

Ich sage es nur einmal:
Dies ist mein Aal!
Will ihn jemand klauen,
So wird er verhauen!

Ein Sportler namens Bolz Hein
War groß im großen Spiel.
Er trat mit seinem Holzbein
Den Ball stets in das Ziel.

Eine Frau brachte ein W.-Schnittchen
Zu ihrer Tochter hin.
Die Tochter hieß Schneewittchen
Die Frau war Königin.

Es war einmal ein braver Hai
Der liebte seine Mutter.
Die gab ihm täglich Futter
Und morgens Haferbrei.

Im Lande, wo die Buchen kacken
Schaut im alten Hexenhaus
Die Hex' beim Keks- und Kuchenbacken
Nach Hans und Gretel aus.

Moralisch ist das Warzenschwein
Ziemlich tief gesunken.
Es säuft zu viel vom schwarzen Wein
Ist Tag und Nacht betrunken.

Der Herr Stetterwurz
Ging nie wieder aus:
Seit dem schlimmen Wettersturz
Lebt er nur im Haus.
Erst die große Hitze,
Dann kam der Wettersturz.
Der Donner und die Blitze.
Drum bleibt seitdem Herr Stetterwurz
Nur noch zu Haus.

Sommerurlaub

Die jetzt in unser Land streben
Kommen oft von weit her.
Sie wollen nur das Strandleben,
Die Sonne und das Meer.

Was sie nur wieder aushecken
Die Jungs von unserer Straße
Sie flitzen um die Hausecken
Und spielen Fuchs und Hase.

Wo ist die weibliche Schönheit hin?
So viele Frauen sind zu dünn!
Hier zwei Hüpfelchen
– das ist die Brust –
Dort ein kleines Tüpfelchen
– Für die Lust –
Keine Rundung, alles spitz und dünn
Wo ist die weibliche Schönheit hin?

Der Tisch war schön gedeckt,
Das Essen hat geschmeckt.
Der Kleine hat gekleckert,
Die Mama hat gemeckert:
„Ich muß die Decke reinichen
Du bist ein kleines Schweinichen!"

Frühling

Oder: was man so alles hört im Wald:
Die Vöglein singen, daß es schallt.
Es schallt, wenn Nachtigallen singen,
Und wenn des Jägers Büchse knallt
Hört man die Viecher fallen.
Es hallt, wenn die Schalmeien klingen,
Es schallt, wenn laut die Rehlein – halt!
Die Rehlein singen leider nicht.
Wenn mancher auch dagegen spricht:
Man hört sie manchmal lallen.

Ein Krümel Brot auf einem Tisch.
Daneben – ganz genau –
Ein Stückchen vom gekochten Fisch.
Da kam die fromme Vogelfrau
Beäugt die Sache ziemlich schlau
Und wählt.
Wählt für den eignen Mittagstisch
Das Stückchen Fisch.
Und lobt die eigne Frömmigkeit.
(Es war gerade Fastenzeit.)

Uli wuli wunderklee
Steigt ins Horn und schreit „o weh!"
Schlüpft hinein und tappt durchs Horn
Mal von hinten, mal von vorn.
Krabbelt durch und schaut sich um,
Schnieft und ruft laut „ubı sum?"
Schwarz und fusig glimmerlos
Schnieft und ruft „wo bin ich bloß"
Schlüpft hinein und schreit „o weh!"
Uli wuli wunderklee.

Mein altes Knie kommt jetzt zum Müll
Weil ich ein neues haben will.
Der Doktor sagt, es sei verletzt,
Der Knorpel schon ganz abgewetzt,
Jetzt wird ein neues eingesetzt!

Mein altes Knie liegt jetzt im Müll
Und greint und jammert laut und schrill:
„Man hat mich um mein Bein gebracht
Um Schenkel und um Wade.
Jetzt kann ich nie mehr gehn, wie schade!“

Noch länger weint und greint's im Müll
Jetzt liegt das arme Knie ganz still.
Ich hingegen hoff als Dulder
Auf eine neue Schulter.

PISA

Da gehen sie die Kleinen
Viel Hirn auf Kinderbeinen
Und in der Mitte – seht es doch! –
Dort, wo das Herz war, ist ein Loch!

Es ist ein ururaltes Lied
Vom Opti- und vom Pessimist.
Ich finde keinen Unterschied:
Denn korrigier' ich jedes Wort
Und streiche „Opti", „Pessi" fort,
Dann bleibt mit Philosophenlist
Für beide Teile nur noch Mist!

Das Kalenderblatt
Vom Donnerstag den zweiten Mai
Hatte schon sein Leben satt
Eh' noch der Donnerstag vorbei.
Teilnahmsvoll gefragt
Warum es denn so leide,
Hat jammernd es gesagt,
Es leide an der Rückenseite
Am Spruch. Der wurde nie gelesen;
So litt das arme Wesen
Bis Freitag, dritter Mai,
Dann war's vorbei.

Reklame machen alle
(„Trink immer Essigwein!")
Doch ist in jedem Falle
(„Trink immer Essigwein!")
Reklame ziemlich listenreich
Doch ach, nicht jeder merkt dies gleich!

Zum Beispiel diese Dame
(„Trink immer Essigwein!")
Die glaubte der Reklame
(„Trink immer Essigwein!")
Und überlebte diese Kur
Um dreizehn Tage nur.

www.ingramcontent.com/pod-product-compliance
Lightning Source LLC
Chambersburg PA
CBHW032034090426
42741CB00006B/812